# CODE

## DES MARIAGES ET DIVORCES

## EN VAUDEVILLES.

Ainsi que ses chagrins, l'himen à ses *plaisirs*.

BOILEAU, Satire 10.

PAR LE C. DUROSIERS.

Se trouve chez GAUTHIER, rue du Martoy, n°. 5, près la Grève, à Paris.

AN VIII.

## MARIAGES DE L'AN 7.

Air : *Je suis un Chasseur plein d'adresse.*

Epris d'un amour de passage,
Décadi vous formiez des nœuds.
Primidi vous rendait plus sage,
Duodi calmait tous vos feux,
Tridi, naissante bouderie,
Quartidi, querelle *polie*,
Des reproches le Quintidi,
Des injures le Sextidi,
Puis des coups reçus Septidi,
Vous faisaient courir Octidi,
Pour divorcer le Nonidi.

---

Air : *Ne v'la-til pas que j'aime.*

L'himen, par les nouveaux décrets,
Durera davantage,
Et les époux vont désormais,
S'aimer jusqu'à la rage.

# NOUVEAU CODE
## DES MARIAGES ET DIVORCES
## EN VAUDEVILLES.

## MARIAGES.

### ARTICLE PREMIER.

Air : *Guillot un jour trouva Lisette.*

D'UN consentement unanime,
Chacun convient de bonne foi,
Qu'il n'est d'union légitime,
Que celle qu'approuve la loi,
Vainement on ferait usage,
Du *conjungo* sacerdotal ;
Ce qui fait un *bon* mariage,
C'est l'officier municipal.

### ART. 2.

Air : *De la Croisée.*

Fille en son treizieme printems,
Peut contracter un mariage,
Un garcon doit avoir quinze ans,
Avant que sa foi ne s'engage ;

Jeunes gens, cessez d'accuser
Un retard qui vous favorise,
On ne saurait trop reculer,
Pour faire une sottise.

---

ART. 3.

Air : *Un ancien Proverbe nous dit.*

Quand l'époux n'a pas vingt-cinq ans,
Il faut l'aveu de ses parens;
Il faut qu'il ait dans cette affaire,
La liberté la plus entière,
D'autant qu'on ne peut ici bas,
Perdre le bien que l'on n'a pas.

---

ART. 4.

Air : *N'en demandez pas davantage.*

Devant maint et maint Spectateur,
On célébre le mariage,
L'époux, qui s'approche en vainqueur,
Pour voler un baiser d'usage.
Semble au désespoir,
D'attendre le soir,
Avant d'exiger davantage.

### ART. 5.

Air : *Des Fraises.*

Un mari, tacitement,
S'il ne l'a fait de bouche,
S'est soumis en epousant,
A chauffer paisiblement,
La couche. (ter.)

### ART. 6

Air : *Mes chers Enfans, unissez-vous.*

Un fils temoigne à ses parens,
Une tendresse reciproque,
Avec ardeur, il prend une autre époque,
Pour leur offrir ses soins reconnaissans,
Et quand la vieillesse fatale,
Glace leus bras appésantis ;
De leurs travaux, ils retrouvent le prix,
Dans la piété filiale.

### ART. 7.

Air : *Nous sommes précepteurs d'Amour.*

Lorsqu'un des deux époux mourra,
De son bien, les parts seront faites,

A ses enfans, il laissera,
Sa maison, son or, ou ses dettes.

---

### ART. 8.

Air : *D'arlequin Afficheur.*

L'himen dans trois cas différens,
Peut, de plein droit perdre sa force,
Soit par de honteux jugemens,
Soit par l'effet d'un bon divorce;
De plus, il est bien convenu,
Que pour le repos de son ame;
L'époux deffunt n'est pas tenu,
De vivre avec sa femme.

---

### ART. 9.

Air : *Accompagné de plusieurs autres.*

La veuve, d'un an tout entier,
Ne saurait se remarier,
Mais ses ruses vondront les nôtres,
Pour passer ce facheux instant,
Elle fera choix d'un amant,
Accompagné de plusieurs autres.

# CODE DES DIVORCES.

## AVIS.

Air : *De la Boulangère.*

Sur les motifs qu'on doit fournir,
Si quelqu'un est en peine
Un seul article en peut offrir,
Au moins une douzaine
à choisir,
Au moins une douzaine.

## ARTICLE PREMIER.

Air : *Nous nous marierons dimanche.*

Un crime infamant,
Par son châtiment,
Autorise le divorce ; (*)
Inégale humeur,

---

Air, *Réveillez-vous.*

(*) Lors qu'à la peine capitale,
Un des époux vient de passer,
L'autre, pour régle générale,
N'est pas admis à divorcer.

Démence ou fureur ;
Autres raisons de divorce,
Epoux absens,
Ou négligens,
Divorce!
Pour des propos,
Coups et gros mots,
Divorce!
Aussi, je le vois
On n'a qu'une voix,
Quand il sagit du divorce.

ART. 2.

Air : *Du Serin qui te fait envie.*

Pour débats sur une vétille,
Fureur, démence et vains excès,
On forme un conseil de famille,
Présidé du juge de paix ;
Mais c'est en vain que l'on s'efforce
d'empêcher un si beau projet;
Un époux qui veut le divorce,
A la tête près du bonnet.

ART. 3,

Air : *M. le prévot des marchands.*

Pour gerer le bien des enfans,
Le conseil, sans perdre de tems,
Choisira le père ou la mere,
Et ne pourra qu'à la rigueur,
Les priver de ce ministère,
En nommant un autre tuteur.

ART. 4.

Air : *Des Bossus.*

Le juge, après un sermon d'un grand mois.
convoque le conseil le second mois,
Il se réunit de trois en trois mois,
L'affaire doit encor trainer six mois,
Et le divorce a duré quinze mois.

ART. 5.

Air : *Fidel époux, franc militaire.*

Lorsque l'on suivra le systême,
De la disparité d'humeur,
La méthode sera la même,
Qu'en fait de demence ou fureur;

Cet article porte le type,
Du raisonnement le plus fin,
Quand on a le même principe,
On peut avoir la même fin.

---

ART. 6.

Air : *Ah! le bel oiseau maman.*

Celui qui veux pour motif,
La honte d'une Sentence,
Certain *refus* effectif,
Ou cinq ans entiers d'absence;
Pour un divorce pareil,
Perd moins de temps qu'on ne pense
Le poursuit sans appareil
Et ne prend point de *conseil.*

---

ART. 7.

AIR : *Des Fraises.*

Le défendeur recevra,
Citations expresses,
Le demandeur paraîtra,
Et devant tous montrera
Ses pièces. (ter.)

## ART. 8.

Air : *Il faut que l'on file, file.*

Pour de nouveaux himenées.
Douze mois sont suffisans,
On attendra deux années,
S'il existe des enfans,
Mais quand la femme docile,
Reprend un mari facile,
Dans ses momens de courroux,
Il faut qu'elle file, file,
Il faut qu'elle file doux.

## ART. 9.

AIR : *Des simples jeux de son enfance.*

De l'himen, dissous par démence;
S'il reste quelque enfant mineur,
Il sera sous la surveillance,
De l'epoux qui fut demandeur,
Parce qu'une sagesse extrême,
Est ce que nous lui supposons,
Jusqu'à ce qu'il tienne lui même,
Sa place aux petites maisons.

## ART. 10.

AIR : *A la façon de Barbari.*

Celui qui veut après deux ans,
Tâter du mariage,
Ne saurait faire à ses enfans
Aucun désavantage!
Mais en formant cette union,
La faridondaine, la faridondon,
Pour leur bien, il travaille aussi,
Biribi.
A la façon de Barbari
Mon ami.



## CONCLUSION.

Air : *De Pauline.*

Vous qui, supportez avec peine,
Les lois dun himen malheureux;
Voici la méthode certaine,
Pour rompre son joug rigoureux;
Ce code sans doute est fort sage,
Mais n'allez pas trop vous presser;
Heureux qui peut en faire usage,
Plus heureux qui peut s'en passer.

www.ingramcontent.com/pod-product-compliance
Lightning Source LLC
LaVergne TN
LVHW010332230826
846091LV00009B/3841

* 9 7 8 2 0 1 9 2 5 2 3 0 4 *